¡Vamos a divertirnos afuera!

VAMOS AL CAMPO DE CALABAZAS

Por Kristen Rajczak Nelson

Please visit our website, www.garethstevens.com. For a free color catalog of all our high-quality books, call toll free 1-800-542-2595 or fax 1-877-542-2596.

Library of Congress Cataloging-in-Publication Data

Names: Rajczak Nelson, Kristen, author.
Title: Vamos al campo de calabazas / Kristen Rajczak Nelson.
Description: Buffalo, New York : Gareth Stevens Publishing, [2025] | Series: ¡Vamos a divertirnos afuera! | Includes index.
Identifiers: LCCN 2023045694 | ISBN 9781482467499 (library binding) | ISBN 9781482467482 (paperback) | ISBN 9781482467505 (ebook)
Subjects: LCSH: Pumpkin–Juvenile literature. | Autumn–Juvenile literature. | Seasons–Juvenile literature. | Farms–Juvenile literature.
Classification: LCC SB347 .R35 2025 | DDC 635/.62–dc23/eng/20231026
LC record available at https://lccn.loc.gov/2023045694

Published in 2025 by
Gareth Stevens Publishing
2544 Clinton Street
Buffalo, NY 14224

Copyright © 2025 Gareth Stevens Publishing

Designer: Claire Wrazin
Editor: Kristen Nelson
Translator: Esther Sarfatti

Photo credits: Cover, p. 1 pikselstock/Shutterstock.com; p. 5 Ground Picture/Shutterstock.com; pp. 7, 23 kali9/iStock; p. 9 Jaymes Fike/Shutterstock.com; pp. 11, 24 (right) Jessica Ruscello/Shutterstock.com; pp. 13, 24 (middle) CDeWeger/Shutterstock.com; p. 15 Sarah Quintans/Shutterstock.com; p. 17 Anna Lohachova/Shutterstock.com; p. 19 Ann in the uk/Shutterstock.com; pp. 21, 24 (left) Hiram Rios/Shutterstock.com.

All rights reserved. No part of this book may be reproduced in any form without permission in writing from the publisher, except by a reviewer.

Printed in the United States of America

Some of the images in this book illustrate individuals who are models. The depictions do not imply actual situations or events.

CPSIA compliance information: Batch #CSGS25: For further information contact Gareth Stevens, at 1-800-542-2595.

Contenido

¡Celebremos el otoño! . . . 4

Acerca de las calabazas . . 8

Hora de divertirse 12

Elige una calabaza 16

Palabras para conocer . . 24

Índice 24

Es otoño.
El tiempo es más fresco.
Los días son más cortos.

¡Vamos al campo de calabazas!
Toda mi clase irá.

Nos encontramos en
una granja.
Aquí crecen calabazas.
¡Se plantaron
en primavera!

Crecen en enredaderas.
¡Tardan meses en hacerse más grandes!

Primero subimos a
un carro de heno.
Un tractor nos jala.

Caminamos por
un laberinto.
Está hecho de maíz.
¡Maya encuentra
la salida!

Es hora de elegir una calabaza. La mayoría son anaranjadas. ¡La de Adriana es blanca!

Susana elige una grande. Manuel elige una pequeña.

Es hora de tomar
un tentempié.
¡Tenemos donas!

¡Volvamos el año que viene!

Palabras para conocer

 dona

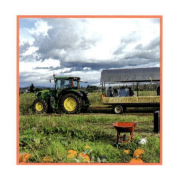 carro de heno

 enredadera

Índice

otoño, 4

granja, 8

primavera, 8